AF320022

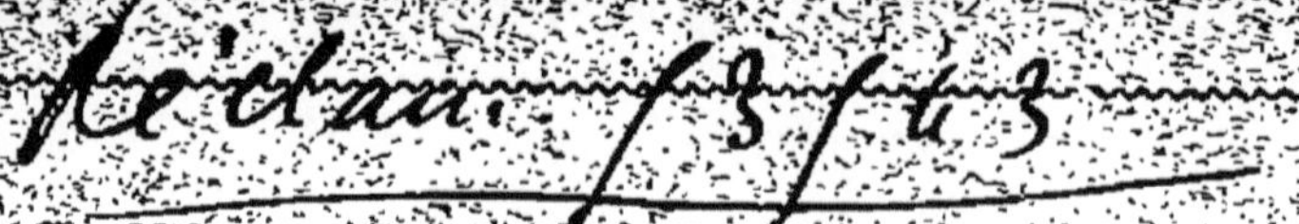

LES

Boissons Américaines

156 RECETTES

PAR

NIELS LARSEN

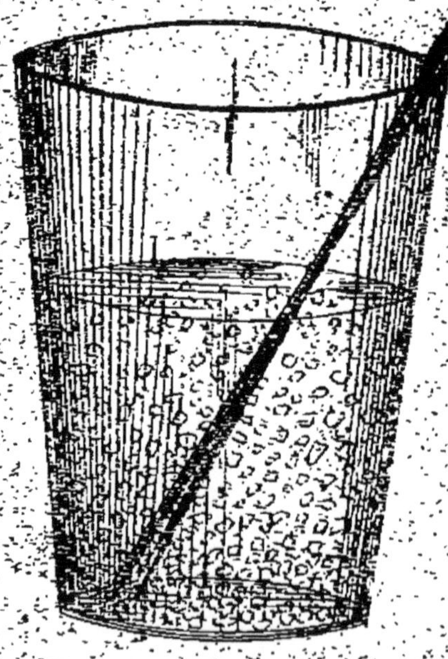

PARIS

Les **Boissons Américaines**

OU

LA MANIÈRE DE PRÉPARER

LES

COKTAILS — COBBLERS — COOLERS
CRUSTAS — DAISIES — EGG NOGGS — FIXES
FIZZES — FLIPS — JULEPS — SOURS
SLINGS — SMASHES — LIMONADES
SANGAREES — PUNCHES — GROGS
TODDIES — POUSSE-CAFÉS
CUPS
ETC., ETC.

156 RECETTES

PAR

NIELS LARSEN

LIBRAIRIE NILSSON

PER LAMM, SUCCESSEUR

338 — Rue Saint-Honoré — 338

PARIS

Les boissons américaines sont à la mode et, depuis une quinzaine d'années, depuis l'Exposition Universelle de 1889 surtout, leur consommation a pris une extension considérable.

On en consomme même dans les familles. Bien souvent j'ai eu l'occasion de procurer *un Barman* pour préparer des boissons à domicile lors des soirées, bals, banquets, etc.

La province suit le mouvement parisien et presque tous les casinos des villes d'eaux et des stations balnéaires ont fait installer un *Bar Américain.*

L'Exposition de 1900 s'opprochant, j'ai cru faire œuvre utile en publiant ce petit formulaire qui pourra rendre des services lorsque Paris sera visité par des étrangers de toutes nations qui demanderont ces boissons dans des établissements, cafés ou restaurants où l'on n'a guère l'habitude de les préparer.

Le mélange des boissons américaines étant en général subordonné à la fantaisie du préparateur, je n'ai pas l'intention d'apprendre *aux Barmen* leur métier, de tracer des règles immuables, je ne veux qu'indiquer celles de ces règles qui servent de base à la préparation de chaque boisson et rien de plus.

En suivant ces recettes que, depuis plus de quinze ans j'ai recueilli de tous côtés, chacun pourra préparer une boisson américaine, tout en y apportant le degré de fantaisie qui lui est personnel, car en pareille matière il n'y a rien d'absolu; tout s'incline devant l'esprit inventif du préparateur ou devant les exigences du consommateur.

Au premier de satisfaire le palais du second, — tout est là.

RENSEIGNEMENTS UTILES

Pour monter un **Bar Américain**, vous trouverez tout ce qui concerne l'Orfèvrerie, Porcelaine, Cristaux et Verrerie à la

MAISON NOUBLANCHE
52, RUE DE PARADIS

(Voir annonces, pages 72 et 73.)

Pour les **Chalumeaux** (grandes et petites pailles).

MAISON E. DURAND
18, RUE BICHAT

(Voir annonces, page 74.)

Pour les **Oranges et Citrons.**

MAISON CH. VANDEWALLE
32, RUE ÉTIENNE-MARCEL

(Voir annonces, page 71.)

Pour le lait pur et les œufs frais.

La Vacherie du HAMEAU

2, RUE D'ATHÈNES

(Voir annonces, page 75.)

Pour le **café** et le Thé la

Maison A. BOSQUET

19, AVENUE DE SAINT-OUEN

(Voir annonces, page 74.)

Pour la **Bière** en fûts et en bouteilles.

Maison F. POUSSET

10, RUE SAY

(Voir annonces, page 76)

Pour les **Xérès, Portos Whiskies, Gin,** etc.

La Maison BODEGA

1, RUE CASTIGLIONE

SOMMAIRE

Cocktails

Egg Noggs

Fixes

Fizzes

Flips

Juleps

Sours

Slings

Smashes

Limonades

		Pages
Bishop Lemonade		38
Citronnade		35
Cordial Lemonade		37
Egg —		39
Lemon Squash		40
Orangeade		36
Orgeat Lemonade		36
Rhine Wine —		37
Sherry Lemonade		38
Soda —		39
Soda Nectar		40

Sangarees

Ale Sangaree		41
Brandy —		41
Gin —		42
Port —		42
Porter —		41
Sherry —		42

Punches

Arrack Punch		44
Brandy —		43
Champagne —		47
Clater —		47

Grogs

Toddies

Pousse-Cafés

Cups

Diverses

COCKTAILS

Absinthe Cocktail

[à préparer dans un grand gobelet]

Remplissez à moitié de glace pilée. Ajoutez :

4 cuillers à café de sirop de sucre ;
1   —   d'anisette ;
6 gouttes de bitter Angostura ;
1 verre à madère d'absinthe ;
1   —   d'eau.

Mélangez bien le tout et passez dans un *verre à cocktail*. Ajoutez un zeste (écorce) de citron pressé et servez avec de petites pailles.

Brandy Cocktail

[à préparer dans un grand gobelet]

Remplissez à moitié de glace pilée. Ajoutez :

3 cuillers à café de sirop de sucre ;
2   —   curaçao ;
6 gouttes d'angostura ;
1 verre à madère de cognac.

Mélangez bien le tout et passez dans un *verre à cocktail*. Ajoutez un zeste de citron pressé et servez avec de petites pailles.

Fancy Brandy Cocktail
[à préparer dans un grand gobelet]

Remplissez à moitié de glace pilée. Ajoutez :

3 cuillers à café de sirop de sucre ;
2   —   marasquin ;
6 gouttes d'angostura ;
1 verre à madère de fine champagne ;
Ajoutez un zeste de citron pressé.

Mélangez bien le tout. Passez dans un *verre à cocktail* dont vous aurez humecté le bord avec du jus de citron.

Servez avec de petites pailles.

Fancy Gin and Whisky Cocktails
[à préparer dans un grand gobelet]

Se préparent de la même manière que le Fancy Brandy Cocktail en remplaçant le cognac par le gin ou le whisky.

East India Cocktail
[à préparer dans un grand gobelet]

Remplissez à moitié de glace pilée. Ajoutez :

1 cuiller à café de sirop de framboises ;
1   —   —   curaçao ;
6 gouttes d'angostura ;
6   —   marasquin ;
1 verre à madère de cognac.

Mélangez bien le tout et passez dans un *verre à cocktail.* Ajoutez un zeste de citron pressé et servez avec de petites pailles.

Chicago Cocktail

[à préparer dans un grand gobelet]

Remplissez aux trois quarts de glace pilée. Ajoutez :

2 cuillers à café de sirop de sucre ;
2 — — curaçao ;
6 gouttes d'angostura ;
1 verre à madère de fine champagne.

Mélangez bien le tout et passez dans un *verre à cocktail*. Ajoutez un peu de champagne et un zeste de citron pressé. Servez avec de petites pailles.

Gin Cocktail

[à préparer dans un grand gobelet]

Remplissez à moitié de glace pilée. Ajoutez :

2 cuillers à café de sirop de sucre ;
2 — — curaçao ;
6 gouttes d'angostura ;
1 verre à madère de Gin.

Mélangez bien le tout et passez dans un *verre à cocktail*. Ajoutez un zeste de citron pressé et servez avec de petites pailles.

Champagne Cocktail

[à préparer dans un gobelet à champagne]

Emplissez d'un tiers de glace pilée. Ajoutez :

1 cuiller à café de sirop de sucre ;
2 cuillers   —   curaçao rouge ;
6 gouttes d'angostura.
Remplissez le gobelet avec du champagne.

Mélangez bien. Ajoutez un zeste de citron pressé et servez avec de grandes pailles.

Japanese Cocktail

[à préparer dans un grand gobelet]

Remplissez à moitié de glace pilée. Ajoutez :

1 Cuiller à bouche de sirop d'orgeat;
4 Gouttes d'angostura ;
1 Verre à madère de cognac ;

Mélangez bien le tout et passez dans un *verre à cocktail.*
Servez avec de petites pailles.

Jersey Cocktail

[à préparer dans un grand gobelet]

4 à 5 morçeaux de glace. Ajoutez :

1/2 cuiller à bouche de sucre en poudre ;
6 gouttes d'angostura :
1 verre à madère de cidre.

Mélangez bien le tout et passez dans un *verre à cocktail.* Ajoutez un zeste de citron pressé et servez avec de petites pailles.

Manhattan Cocktail
[à préparer dans un grand gobelet]

Remplissez à moitié de glace pilée. Ajoutez :
2 cuillers à café de sirop de sucre ;
6 gouttes d'angostura ;
1/3 verre à madère de whisky ;
1/2 — — vermouth Noilly.

Mélangez le tout et passez dans un *verre à cocktail.*

Servez avec de petites pailles.

Mac Donalds Cocktail
[à préparer dans un grand gobelet]

Remplissez à moitié de glace pilée. Ajoutez :
1 cuiller à café de curaçao ;
4 gouttes d'angostura ;
1/2 verre à madère de whisky ;
1/2 — — vermouth de Turin.

Mélangez bien le tout. Passez dans un *verre à cocktail* et servez avec de petites pailles.

Martinez Cocktail.
[à préparer dans un grand gobelet]

Remplissez à moitié de glace pilée. Ajoutez :
2 cuillers à café de sirop de sucre ;
6 gouttes d'angostura ;
1/3 verre à madère de gin ;
1/2 — — vermouth Noilly.

Mélangez bien le tout et passez dans un *verre à cocktail.*

Servez avec de petites pailles.

Metropolitan Cocktail.

[à préparer dans un grand gobelet]

Remplissez à moitié de glace pilée. Ajoutez :

1 verre à madère de vermouth Noilly;
1,2   —   —   cognac ;
2 cuillers à café de sirop de sucre ;
6 gouttes d'angostura.

Mélangez-bien et passez *dans un petit verre à bordeaux mousseline.*

Servez avec de petites pailles.

Old Tom Cocktail.

[à préparer dnns un grand gobelet]

Remplissez aux trois quarts de glace pilée. Ajoutez :

2 cuillers à café de sirop de sucre ;
1   —   —   curaçao ;
6 gouttes d'angostura ;
1 verre à madère de old tom gin.

Mélangez-bien et passez dans un *verre à cocktail.*

Ajoutez un zeste de citron pressé et servez avec de petites pailles.

Soda Cocktail.

[à préparer dans un grand gobelet]

5 à 6 morceaux de glace. Ajoutez :

1 cuiller à café de sucre en poudre ;
6 gouttes d'angostura.

Remplissez le verre d'une demi-bouteille de lemon-soda.

Agitez bien avec une cuiller et servez avec une tranche d'orange.

Whisky Cocktail

[à préparer dans un grand gobelet]

Remplissez aux trois-quarts de glace pilée. Ajoutez :

2 cuillers à café de sirop de sucre ;
1   —   curaçao ;
6 gouttes d'angostura ;
! verre à madère de scotch whisky.

Mélangez bien et passez dans un *verre à cocktail* Ajoutez un zeste de citron pressé et servez avec de petites pailles.

Vermouth Cocktail

[à préparer dans un grand gobelet]

Remplissez à moitié de glace pilée. Ajoutez :

2 cuillers à café de sirop de sucre ;
1   —   gin ;
1   —   Curaçao ;
6 gouttes d'angostura ;
1 verre à madère de vermouth Noilly.

Mélangez bien et passez dans un *verre à cocktail*. Ajoutez un zeste de citron pressé et servez avec de petites pailles.

Omnium Cocktail

[à préparer dans un grand gobelet]

Remplissez à moitié de glace pilée. Ajoutez :

2 cuillers à café de sirop de sucre ;
4 gouttes d'angostura ;
6   —   de marasquin ;
1 verre de madère de vermouth Noilly.

Mélangez bien et passez dans un *verre à cocktail*. Ajoutez un zeste de citron pressé et servez avec des petites pailles.

St-James'Cocktail

[à préparer dans un grand gobelet]

Remplissez à moitié de glace pilée. Ajoutez :

2 cuillers à café de sirop de sucre ;
3   —   curaçao ;
3   —   anisette ;
6 gouttes d'angostura ;
1 verre à madère de rhum St-James.

Mélangez bien. Passez dans un *verre à cocktail* et ajoutez un zeste de citron pressé. Servez avec de petites pailles.

Saratoga Cocktail

[à préparer dans un grand gobelet]

Remplissez à moitié de glace pilée. Ajoutez :

6 gouttes d'angostura ;
1 verre à liqueur de cognac ;
1   —   — whisky ;
2 verres   — vermouth Noilly.

Mélangez bien et passez dans un *petit verre à bordeaux mousseline*. Servez avec une tranche de citron et de petites pailles.

Laws' Cocktail

[à préparer dans un grand gobelet]

Remplissez d'un quart de glace pilée. Ajoutez :

1 œuf frais ;
1 cuiller à café de sucre en poudre ;
1 verre à madère de porto rouge ;
1   — liqueur de fine champagne.

Mélangez bien et passez dans un *gobelet à champagne*. Râpez un peu de muscade dessus et servez avec de grandes pailles.

Morning Cocktail

[à préparer dans un grand gobelet]

4 à 5 petits morceaux de glace. Ajoutez :

2 cuillers à café de sirop de gomme;
1   —   — curaçao;
4 gouttes d'angostura;
3   —   d'absinthe;
1 verre à liqueur de fine champagne;
1   —   — scotch whisky;

Un zeste de citron pressé.

Mélangez bien et remplissez le verre avec de l'eau de seltz. Agitez avec votre cuiller à soda ayant été trempée dans du sucre en poudre et servez.

Derby Cocktail

[à préparer dans un grand gobelet]

Remplissez à moitié de glace pilée. Ajoutez :

6 gouttes d'angostura;
6   — de sirop d'ananas;
6   — maraschino di Zara;
3/4 verre à madère de fine champagne.

Mélangez bien, mettez quatre belles fraises dans un *verre à bordeaux mousseline* et passez votre mélange dessus. Ajoutez un zeste de citron pressé et remplissez le verre avec du champagne. Servez avec de grandes pailles.

Sherry Cobbler

[à préparer dans un grand gobelet]

Remplissez aux deux-tiers de glace pilée. Ajoutez :

1 cuiller à bouche de sucre en poudre ;
1 verre à liqueur de cognac ;
1 — — — curaçao :
2 verres à madère de xérès pâle.

Versez le tout dans une double timbale (*Shaker*). Agitez fortement, remettez dans le verre. Ornez de .. deux tranches d'oranges sur lesquelles vous versez, sans mélanger, un verre à liqueur de porto rouge. Servez avec de grandes pailles.

Derby Cobbler

[à préparer dans un grand gobelet]

Remplissez aux deux-tiers de glace pilée. Ajoutez :

1/2 cuilier à bouche de sucre en poudre ;
1 verre à liqueur de sirop d'ananas ;
Un verre et demi de xérès Amontïllado.

Versez le tout dans une double timbale. Agitez fortement et remettez dans le verre. Ornez de deux tranches d'ananas et quatre belles fraises sur lesquelles vous versez sans mélanger un demi verre à liqueur de porto rouge. Servez avec de grandes pailles.

Champagne Cobbler

[à préparer dans un grand gobelet]

Remplissez à moitié de glace pilée. Ajoutez :

3/4 cuiller à bouche de sucre en poudre ;
1 tranche d'orange ;
Un zeste de citron.

Remplissez le verre avec du champagne.
Agitez avec votre cuiller à soda et ornez de fruits de saison. Servez avec de grandes pailles.

Ne jamais se servir de la double timbale pour les boissons au champagne.

Claret Cobbler

[à préparer dans un grand gobelet]

1 cuiller à café de sucre en poudre dissoute dans 1 verre à madère d'eau. Ajoutez :

2 verres de bordeaux rouge ;

Remplissez le gobelet de glace pilée.
Agitez et ornez de fruits. Servez avec de grandes pailles.

Port Wine Cobbler.

[à préparer dans un grand gobelet]

1/2 cuiller à bouche de sucre en poudre. Ajoutez ;

1 verre à liqueur de sirop de groseilles ;
Un verre et demi à madère de porto rouge.

Remplissez le verre de glace pilée.
Agitez fortement avec la timbale.
Ornez de fruits et servez avec de grandes pailles.

Rhine Wine Cobbler.

[à préparer dans un grand gobelet]

Une cuiller et demie à bouche de sucre en poudre. Ajoutez :

Un verre et demi à bordeaux d'eau ;
Un — et demi — de vin du Rhin ;

Remplissez le verre de glace pilée.
Agitez fortement avec la timbale.
Ornez de fruits et servez avec de grandes pailles.

Sauterne Cobbler.

[à préparer dans un grand gobelet]

1 cuiller à café de sucre en poudre. Ajoutez :

1/2 verre à madère de sirop de grenadine ;
2 verres à bordeaux de sauterne.

Remplissez le verre de glace pilée.
Agitez avec la timbale.
Ornez de fruits et servez avec de grandes pailles.

Whisky Cobbler.

[à préparer dans un grand gobelet]

1/2 cuiller à bouche de sucre en poudre. Ajoutez ;

2 verres à madère de whisky ;
1 cuiller à bouche de sirop d'ananas ;

Remplissez le verre de glace pilée ;
Agitez fortement avec la timbale ;
Ornez de fruits et servez avec de grandes pailles.

Brunswick Cooler

[à préparer dans un grand gobelet]

Prenez le jus d'un citron. Ajoutez :

1/2 cuiller à bouche de sucre en poudre ;
1 bouteille de ginger ale frappée.

Agitez bien et servez.

Rocky Cooler

[à préparer dans un grand gobelet]

1 œuf frais. Ajoutez :

1/2 cuiller à bouche de sucre en poudre;
Le jus d'un petit citron ;
5 à 6 morceaux de glace.

Remplissez avec du cidre. Agitez fortement,
râpez un peu de muscade et servez.

Brandy Crusta

[à préparer dans un grand gobelet]

Remplissez aux trois-quarts de glace pilée. Ajoutez :

2 cuillers à café de sirop de sucre ;
1 —   —   jus de citron ;
4 gouttes d'angostura ;
4 —   de marasquin ;
1 petit verre à bordeaux de cognac.

Prenez un beau citron de la même largeur qu'un *verre à bordeaux*. Enlevez l'écorce d'un seul morceau et garnissez l'intérieur de ce verre avec. Humectez le bord du verre avec une tranche de citron et trempez légèrement dans du sucre en poudre. Agitez bien votre boisson et passez dans le verre que vous avez préparé. Ajoutez 3 petites cerises et servez.

Gin Crusta

[à préparer dans un grand gobelet]

Même préparation que le Brandy Crusta, remplacez le cognac par le gin.

St-Croix Crusta

[à préparer dans un grand gobelet]

Remplissez à moitié de glace pilée. Ajoutez :

2 cuillers à café de sirop de grenadine ;
1 cuiller — jus de citron ;
2 gouttes d'angostura ;
4 gouttes de marasquin ;
1 petit verre à bordeaux de rhum Ste-Croix.

Préparez un *verre à bordeaux* comme pour le brandy-crusta. Agitez bien votre boisson et passez dans le verre préparé.
Ornez de fruits et servez.

Whisky Crusta

[à préparer dans un grand gobelet]

Remplissez à moitié de g'ace pilée. Ajoutez :

2 cuillers à café de sirop de sucre ;
1 cuiller — marasquin ;
1 — — jus de citron ;
4 gouttes d'angostura ;
3[4 de petit verre à bordeaux de scotch-whisky.

Agitez bien votre boisson, passez dans un *verre à bordeaux* que vous avez préparé comme pour le brandy-crusta et servez.

Brandy Daisy

[à préparer dans un grand gobelet]

Remplissez à moitié de glace pilée. Ajoutez :

Le jus d'un demi citron ;
2 cuillers à café de sirop de sucre ;
1   —   —   cordial d'oranges ;
1 petit verre à bordeaux de cognac ;

Agitez bien et passez dans un *grand verre à bordeaux*. Remplissez avec de l'eau de seltz et servez.

Gin Daisy

[à préparer dans un grand gobelet]

Se prépare de la même manière que le brandy Daisy, remplacez le cognac par du gin.

Rhum Daisy

[à préparer dans un grand gobelet]

Se prépare de la même manière que le Brandy Daisy, au lieu de cognac mettez du rhum.

Whisky Daisy

[à préparer dans un grand gobelet]

Se prépare de la même manière que le Brandy Daisy, au lieu de cognac mettez du whisky.

Ginger Daisy

[à préparer dans un grand gobelet]

Se prépare comme le Brandy Daisy, mettez du ginger ale au lieu de l'eau de seltz.

Egg Nogg

[à préparer dans un grand gobelet]

Emplissez d'un tiers de glace pilée. Ajoutez :

1 œuf frais ;
1 cuiller à bouche de sucre en poudre ;
1 petit verre à bordeaux de whisky.

Remplissez avec du bon lait et versez le tout dans une double timbale. Agitez fortement, passez dans un *grand verre à bordeaux* et ajoutez un peu de muscade râpée.

Servez avec de grandes pailles.

Baltimore Egg Nogg

[à préparer dans un grand gobelet]

Mettez dans votre grande timbale :

1 jaune d'œuf ;
3/4 cuiller à bouche de sucre en poudre ;
Un peu de muscade râpée et un peu de canelle en poudre.
Battez-le comme une crême fouettée. Ajoutez :
4 morceaux de glace ;
1 verre à liqueur de cognac ;
1/2 verre à liqueur de rhum ;
Un verre et demi à liqueur de madère.

Remplissez la timbale avec du bon lait et agitez fortement. Passez dans un *grand gobelet* et râpez dessus un peu de muscade. Servez avec de grandes pailles.

Imperial Egg Nogg

[à préparer dans un grand gobelet]

Mettez dans votre grande timbale :

Un tiers de glace pilée ;
1 cuiller à bouche de sucre en poudre ;
1 œuf frais ;
1 verre à madère de cognac ;
1ǀ2   —   — de rhum St-James;

Remplissez avec du lait non écrémé.
Agitez fortement, passez dans un *grand gobelet*
et ajoutez un peu de muscade râpée.
Servez avec de grandes pailles.

Sherry Egg Nogg

[à préparer dans un grand gobelet]

Mettez dans votre grande timbale :

Un tiers de glace pilée ;
1 œuf frais ;
1 cuiller à bouche de sucre en poudre ;
2 verres à madère de xérès ;
Remplissez avec du bon lait ;

Agitez fortement, passez dans un *grand gobelet*
et ajoutez un peu de muscade râpée.
Servez avec des grandes pailles.

Brandy Fix

[à préparer dans un grand gobelet]

Remplissez à moitié de glace pilée. Ajoutez :

1ı2 cuiller à bouche de sucre en poudre dissous dans un verre à bordeaux à moitié rempli d'eau de seltz;
1 verre à liqueur de sirop d'ananas ;
1 petit verre à bordeaux de cognac.

Mélangez bien avec une cuiller à soda.
Ornez de fruits et servez avec de grandes pailles.

Gin Fix

[à préparer dans un grand gobelet]

1ı2 cuiller à bouche ce sucre en poudre dissous dans un peu d'eau de seltz;
1 verre à liqueur de sirop d'Ananas;
1 petit verre à bordeaux de Genièvre de Hollande.

Remplissez de glace pilée.
Mélangez bien et ornez de fruits.
Servez avec de grandes pailles.

Saint-Croix Fix

[à préparer dans un grand gobelet]

1/2 cuiller à bouche de sucre en poudre dissous dans :

1/2 verre à bordeaux d'eau de seltz ;
2 cuillers à café de jus de citron ;
1 verre à liqueur de sirop d'ananas ;
1 petit verre à bordeaux de rhum Saint-Croix.

Remplissez de glace pilée.
Mélangez bien et ornez de fruits. Servez avec de grandes pailles.

Whisky Fix

[à préparer dans un grand gobelet]

1/2 cuiller à bouche de sucre en poudre dissous dans :

2 cuillers à café de jus de citron ;
1 verre à liqueur de sirop d'ananas ;
1 petit verre à bordeaux de whisky ;
Remplissez de glace pilée.

Mélangez bien et ornez de fruits. Servez avec de grandes pailles.

Brandy Fizz

[à préparer dans un grand gobelet]

1/2 cuiller à bouche de sucre en poudre dissous dans :

Le jus d'un demi-citron ;
2 cuillers à café de blanc d'œuf ;
1 petit verre à bordeaux de cognac.

Remplissez de glace pilée.

Agitez fortement avec la timbale et passez dans un *gobelet à soda*. Remplissez avec de l'eau de Vichy et buvez de suite.

Gin Fizz

[à préparer dans un grand gobelet]

1/2 cuiller à bouche de sucre en poudre dissous dans :

3 cuillers à café de jus de citron :
1 petit verre à bordeaux de old tom gin.

Remplissez le verre aux trois-quarts de glace pilée.

Mélangez bien avec votre cuiller à soda et passez dans un *gobelet à soda*. Remplissez avec de l'eau de Vichy et buvez vite.

Glory Fizz

[à préparer dans un grand gobelet]

1 cuiller à bouche de sucre en poudre disscus
dans le jus d'un demi-citron;
1 blanc d'œuf;
2 cuillers à café d'absinthe;
1 petit verre à bordeaux de scotch whisky.

Remplissez le verre aux trois-quarts de glace
pilée.

Agitez fortement avec la timbale; remplissez
avec de l'eau de Vichy et buvez de suite.

Excellente boisson à prendre le matin.

Golden Fizz

[à préparer dans un grand gobelet]

1 cuiller à bouche de sucre en poudre dissous
dans 2 cuillers à café de jus de citron;
1 jaune d'œuf;
1 petit verre à bordeaux de old London gin.

Remplissez le verre aux trois quarts de glace
pilée.

Agitez fortement avec la timbale et passez dans
un *gobelet à soda*.

Remplissez avec de l'eau de Vichy et buvez de
suite.

Silver Fizz

[à préparer dane un grand gobelet]

1/2 cuiller à bouche de sucre en poudre dissous dans 2 cuillers à café de jus de citron ;
1 blanc d'œuf ;
1 petit verre à bordeaux de old tom gin.

Remplissez de glace pilée, agitez fortement avec la timbale et passez dans un *gobelet à soda*. Remplissez le verre avec de l'eau de seltz et buvez de suite.

Whisky Fizz

[à préparer dans un grand gobelet]

1/2 cuiller à bouche de sucre en poudre dissous dans le jus d'un demi citron ;
1 cuiller à café de blanc d'œuf ;
1 petit verre à bordeaux de whisky.

Remplissez aux trois-quarts de glace pilée.
Agitez fortement avec la timbale et passez dans un *gobelet à soda*. Remplissez avec de l'eau de Vichy et buvez de suite.   4

Brandy Flip

Mettez dans votre timbale à moitié remplie de glace pilée :

1 œuf frais bien battu ;
1/2 cuiller à bouche de sucre en poudre ;
1 verre à madère de cognac.

Agitez bien et passez dans un *verre à Flip mousseline*. Servez avec un peu de muscade râpée et de grandes pailles.

Whisky Flip

Mettez dans votre timbale à moitié remplie de glace pilée :

1 œuf frais bien battu ;
1/2 cuiller à bouche de sucre en poudre ;
1 verre à madère de scotch Whisky.

Agitez bien et passez dans un *verre à Flip mousseline*. Râpez un peu de muscade et servez avec de grandes pailles.

Port Flip

Mettez dans votre timbale aux trois-quarts remplie de glace pilée :

1 œuf frais bien battu ;
1 cuiller à bouche de sucre en poudre ;
1 verre à madère de porto rouge.

Agitez bien et passez dans uu *verre à Flip mousseline*. Servez avec un peu de muscade râpée et de grandes pailles.

Sherry Flip

Mettez dans votre timbale à moité remplie de glace pilée :

1 œuf frais bien battu;
1/2 cuiller à bouche de sucre en poudre;
Un et demi verre à madère de Xérès pâle.

Agitez bien et passez dans un *verre à Flip mousseline*. Servez avec un peu de muscade râpée et de grandes pailles.

Glascow Flip.

[à préparer dans un grand gobelet en cristal.]

1 œuf frais bien battu. Ajoutez :

1/2 cuiller à bouche de sucre en poudre;
Le jus d'nn citron ;

Remplissez le gobelet avec du ginger ale frappé. Mélangez bien avec une cuiller à soda et servez.

Mint Julep.

[à préparer dans un grand gobelet]

Faites dissoudre dans le gobelet au tiers rempli d'eau ;

1 cuiller à bouche de sucre en poudre. Ajoutez :

Un et demi verre à madère de cognac et quatre branches de menthe fraîches. Pressez-les bien et remplissez le verre de glace pilée.

Retirez les brins de menthe et mélangez bien votre boisson.

Dans un *autre gobelet* plantez les branches de menthe en forme de bouquet, les queues en bas et versez dessus votre préparation.

Ornez de fruits de saison, et quartiers d'oranges.

Arrosez le dessus avec un peu de rhum et saupoudrez avec du sucre en poudre.

Placez deux grandes pailles à travers le verre et servez.

Gin Julep

[à préparer dans un grand gobelet]

Remplissez aux trois quarts de glace pilée. Ajoutez :

3/4 cuiller à bouche de sucre en poudre ;
1 verre à madère d'eau ;
1 — — de gin old tom ;
3 branches de menthe fraiche bien pressées ;
Mélangez bien et ornez de fruits de saison.

Placez deux grandes pailles à travers le verre et servez.

Whisky Julep

[à préparer dans un grand gobelet]

Faites dissoudre dans le gobelet au tiers rempli d'eau.

3/4 cuiller à bouche de sucre en poudre. Ajoutez :

4 branches de menthe fraîche bien pressées.

1 cuiller à café de rhum.

1 verre à madère de Whisky.

Remplissez le verre de glace pilée et mélangez bien.

Retirez les branches de menthe et placez-les en forme de bouquet dans un autre gobelet.

Versez votre préparation dessus et ornez de fruits (ananas, oranges et cerises).

Placez deux grandes pailles à travers le verre et servez.

Champagne Julep

[à préparer dans un grand gobelet en cristal]

Faites dissoudre 1 cuiller à café de sucre en poudre dans un peu d'eau de seltz.

Ajoutez une branche de menthe fraîche pressée.

Remplissez le gobelet avec du champagne frappé.

Mélangez bien.

Ornez de deux tranches d'oranges et six grains de raisin.

Servez avec de grandes pailles.

Brandy Sour

[à préparer dans un grand gobelet]

Remplissez aux trois quarts de glace pilée.
Ajoutez :

1/2 cuiller à bouche de sucre en poudre.
1 verre à liqueur de jus de citron.
1 —   à madère de cognac.

Remplissez avec de l'eau de seltz.
Mélangez bien et passez dans un *gobelet en cristal*.
Ornez de fruits et servez.

Gin Sour.

[à préparer dans un grand gobelet]

Remplissez aux trois quarts de glace pilée.
Ajoutez :

1/2 cuiller à bouche de sucre en poudre.
1 verre à liquenr de jus de citron.
1 —   à madère de Gin old Tom.

Remplissez avec de l'eau de seltz.
Mélangez bien et passez dans un *gobelet en cristal*.
Ornez de fruits et servez.

Whisky Sour

[à préparer dans un grand gobelet]

Remplissez aux trois-quarts de glace pilée.
Ajoutez :

1/2 cuiller à bouche de sucre en poudre ;
1 verre à liqueur de jus de citron ;
1 — à madère de scotch whisky.

Remplissez avec de l'eau de seltz.
Mélangez bien et passez dans un *gobelet en cristal*. Ornez de fruits et servez.

Rhum Sour

[à préparer dans un grand gobelet]

Remplissez au trois quarts de glace pilée. Ajoutez :

1/2 cuiller à bouche de sucre en poudre ;
1 verre à liqueur de jus de citron ;
1 — à madère de rhum jamaïque.

Remplissez avec de l'eau de seltz.
Mélangez bien et passez dans un *gobelet en cristal*. Ornez de fruits et servez.

Brandy Sling

[à préparer dans un verre à grog]

Un morceau de sucre. Ajoutez :

1 verre à madère de cognac ;
Remplissez avec de l'eau bouillante ;
Râpez un peu de muscade et servez.

Il est préférable de dissoudre le sucre dans l'eau bouillante et d'ajouter le cognac après. Pour le « Cold Brandy Sling », employez de la glace en morceaux et de l'eau fraîche.

Cold Whisky Sling

[à préparer dans un grand verre à bordeaux]

1 cuiller à café de sucre en poudre dissous dans le verre à moitié rempli d'eau fraîche. Ajoutez :

3 morceaux de glace ;
1 verre à madère de whisky.

Mélangez bien et servez avec un peu de muscade râpée.

Hot Whisky Sling
[à préparer dans un verre à grog]

Un morceau de sucre. Ajoutez :
1 verre à madère de scotch whisky ;
Un zeste de citron.
Remplissez d'eau bouillante et servez avec un peu de muscade râpée.

Cold Gin Sling
[à préparer dans un grand verre à bordeaux]

1 cuiller à café de sucre en poudre dissous dans le verre à moitié rempli d'eau. Ajoutez :
3 morceaux de glace ;
1 verre à madère de gin old tom.
Mélangez bien et servez avec un peu de muscade râpée.

Hot Gin Sling
[à préparer dans un verre à grog]

Un morceau de sucre. Ajoutez :
1 verre à madère de gin old tom.
Remplissez d'eau bouillante et servez avec un peu de muscade râpée.

Scotch Whisky Skin
[à préparer dans un verre à grog]

1 verre à madère de scotch whisky ;
Remplissez d'eau bouillante.
Ajoutez un zeste de citron et servez.

Brandy Smash

[à préparer dans un grand gobelet]

1/2 cuiller à bouche de sucre en poudre dissous dans

1 verre à madère d'eau. Ajoutez :

1 —   —   de cognac.

Pressez dedans trois branches de menthe fraîche et remplissez à moitié de glace pilée. Mélangez bien, passez dans un *verre mousseline* et servez.

Gin Smash

[à préparer dans un grand gobelet]

Remplissez à moitié de glace pilée. Ajoutez :
1/2 cuiller à bouche de sucre en poudre;
1 verre à madère de gin ;
2 branches de menthe pressées.

Mélangez bien et passez dans un *gobelet à champagne.*
Ornez de fruits et servez.

Whisky Smash

[à préparer dans un grand gobelet]

Remplissez à moitié de glace pilée. Ajoutez :
1/2 cuiller à bouche de sucre en poudre ;
1 verre à madère de scotch whisky ;
2 branches de menthe fraîche pressées.

Mélangez bien et passez dans un *gobelet à champagne.*
Ornez de fruits et servez.

Si vous avez un débit assez fort, préparez votre limonade d'avance :

Pour 1/2 litre de jus de citron ajoutez :

— 1/2 — de sirop de sucre ;

Pour 2/3 — de jus d'oranges ajoutez :

— 1/3 — de sirop de sucre.

Mélangez bien dans une carafe.

Pour servir versez dans un grand verre à limonade :

1/3 de votre préparation (citronade ou orangeade) ;

1/3 de glace pilée ;

1/3 d'eau fraîche.

Mélangez bien avec une cuiller à soda. Ornez de deux tranches d'orange ou de citron et servez avec de grandes pailles.

Citronnade

[à préparer dans un grand verre à limonade]

Le jus d'un citron. Ajoutez :

1 verre à madère de sirop de sucre.
Emplissez à moitié de glace pilée.

Remplissez avec de l'eau fraîche. Mélangez bien et ornez de deux tranches de citron. Servez avec de grandes pailles.

Orangeade

[à préparer dans un grand verre à limonade]

Le jus d'une petite orange. Ajoutez :

2 verres à liqueurs de sirop de sucre.
Emplissez à moitié de glace pilée.

Remplissez le verre d'eau fraîche. Mélangez bien et ornez de deux tranches d'oranges. Servez avec de grandes pailles.

Orgeat Lemonade

[à préparer dans un grand verre à limonade]

1ｌ2 cuiller à bouche de sucre en poudre. Ajoutez

1 verre à liqueur de jus de citron ;
Un verre et demi à madère de sirop d'orgeat.
Emplissez le verre à moitié de glace pilée.

Remplissez avec de l'eau fraîche et mélangez bien.

Ornez de fruits de saison et servez avec de grandes pailles.

Cordial Lemonade

[à préparer dans un grand verre à limonade]

Le jus d'un demi-citron. Ajoutez :

1 verre à madère de sirop de sucre ;
Emplissez au trois quarts de glace pilée ;
Remplissez avec de l'eau fraîche.

Mélangez bien et ornez de fruits de saison sur lesquelles vous versez un verre à liqueur de cherry cordial.
Servez avec de grandes pailles.

Rhine Wine Lemonade

[à préparer dans un gobelet en cristal]

Une cuiller à bouche de sucre en poudre. Ajoutez :

Le jus d'un demi-citron ;
Emplissez le verre d'un tiers de glace pilée et remplissez avec du vin du Rhin.

Mélangez bien, ornez de fruits de saison et servez avec de grandes pailles.

Bishop Lemonade

[à préparer dans un gobelet en cristal]

Une cuiller à bouche de sucre en poudre dissous dans un peu d'eau. Ajoutez :

Un verre à liqueur de jus de citron ;
Un verre à bordeaux de médoc ;
Emplissez le verre à moitié de glace pilée et remplissez avec de l'eau fraîche.

Mélangez bien, ornez de fruits de saison et servez avec de grandes pailles.

Sherry Lemonade

[à préparer dans un gobelet en cristal]

Une cuiller à bouche de sucre en poudre dissous dans un peu d'eau. Ajoutez :

Un verre à liqueur de jus de citron ;
Un et demi verre à madère de xérès pâle ;
Emplissez à moitié de glace pilée et remplissez le gobelet d'eau fraîche.

Mélangez bien et ornez de fruits de saison. Servez avec de grandes pailles.

Egg Lemonade

[à préparer dans un grand gobelet]

Emplissez aux trois-quarts de glace pilée. Ajoutez :

1 œuf frais.
1 cuiller à bouche de sucre en poudre
Le jus d'un demi-citron.

Remplissez le gobelet d'eau fraîche et versez le tout dans votre double timbale.

Agitez fortement, passez dans un *gobelet en cristal* et ajoutez un peu de muscade râpée. Servez avec de grandes pailles.

Soda Lemonade

[à préparer dans un grand gobelet]

1 cuiller à bouche de sucre en poudre. Ajoute:

4 morceaux de glace ;
1 verre à liqueur de jus de citron.

Remplissez d'une bouteille de sodawater Schweppes.
Mélangez bien et servez.

Soda Nectar

[à préparer dans un grand gobelet]

Le jus d'un citron. Ajoutez :

1/2 cuiller à bouche de sucre en poudre, et 2 morceaux de glace.

Remplissez le verre aux trois-quarts d'eau de seltz.

Mélangez bien et ajoutez :

1/2 cuiller à café de bi-carbonate de soude.

Agitez avec votre cuiller et, pendant l'effervescence buvez.

Lemon Squash

[à préparer dans un grand gobelet]

Le jus d'un demi-citron. Ajoutez :

1/2 cuiller à bouche de sucre en poudre et 5 morceaux de glace.

Remplissez le verre d'eau de seltz.

Mélangez bien et servez.

Ale Sangaree

[à préparer dans un grand gobelet]

1 cuiller à café de sucre en poudre.

Remplissez d'une demi-bouteille de pale ale.

Mélangez bien, râpez un peu de muscade et servez.

Porter Sangaree

[à préparer dans un grand gobelet]

1/2 cuiller à bouche de sucre en poudre. Ajoutez:

3 morceaux de glace et remplissez d'une demi-bouteille de stout.

Mélangez bien.

Râpez un peu de muscade et servez.

Brandy Sangaree

[à préparer dans un grand verre à bordeaux]

1 cuiller à café de sucre en poudre ;
2 à 3 morceaux de glace.

Remplissez le verre à moitié d'eau. Ajoutez :

1 verre à madère de cognac.

Mélangez bien.

Ajoutez un peu de porto rouge et servez.

Gin Sangaree

[à préparer dans un petit verre à bordeaux]

1/2 cuiller à café de sucre en poudre dissous dans un peu d'eau. Ajoutez :

2 petits morceaux de glace et 1 verre à madère de gin.

Mélangez bien.

Ajoutez une cuiller à café de xérès et servez.

Sherry Sangaree

[à préparer dans un petit verre à bordeaux]

1 cuiller à café de sucre en poudre. Ajoutez :
2 morceaux de glace et remplissez de xérés pâle.
Mélangez bien.

Râpez un peu de muscade et servez.

Port Sangaree

[à préparer dans un petit verre à bordeaux]

1 cuiller à café de sucre en poudre. Ajoutez :

2 morceaux de glace et un et demi verre à madère de Porto.

Mélangez bien.

Râpez un peu de muscade et servez.

Brandy Punch

[à préparer dans un grand gobelet]

1 cuiller à bouche de sucre en poudre dissous dans un peu d'eau. Ajoutez :

1/2 verre à madère de jus de citron ;
1/4 — — de rhum St-Croix ;
Un et demi — de cognac ;
1 tranche d'ananas ;
2 — d'orange.

Remplissez de glace pilée. Agitez fortement, ornez de fruits et servez avec de grandes pailles.

Gin Punch

[à préparer dans un grand gobelet]

2 cuillers à bouche de sucre en poudre. Ajoutez :

1 verre à madère d'eau de Seltz ;
1/2 — — de jus de citron ;
Un et demi — de old London gin.

Remplissez de glace pilée. Agitez fortement, ornez de deux tranches d'orange, quatre cerises et une demi-tranche d'ananas.

Servez avec de grandes pailles.

Hot Irish Punch.

[à préparer dans un verre à grog.]

2 morceaux de sucre. Ajoutez :

1 cuiller à café de jus de citron ;
1 verre à madère d'irish whisky ;
Remplissez d'eau bouillante.

Mélangez bien et ornez d'une tranche de citron.
Râpez un peu de muscade et :
Servez avec une cuiller à café.

Arrack Punch.

[à préparer dans un verre à bordeaux]

1 cuiller à bouche de sucre en poudre dissous
dans un peu d'eau. Ajoutez :

1 cuiller à café de jus de citron, et
1 verre à madère de Batavia Arrack.
Remplissez le verre de glace pilée.

Mélangez bien.
Ornez de fruits de saison et servez avec de
grandes pailles.

Hot Arrack Punch.

[à préparer dans un verre à grog]

1 cuiller à café de sucre en poudre. Ajoutez :
1/2 — — jus de citron ;
3/4 verre à madère de Batavia arrack.
Remplissez d'eau bouillante.

Mélangez bien.
Râpez un peu de muscade et servez avec une cuiller à café.

Kirschwasser Punch.

[à préparer dans un gobelet en cristal]

1/2 cuiller à bouche de sucre en poudre. Ajoutez:
1/2 — café de jus de citron ;
1/2 verre à liqueur de chartreuse jaune ;
1 — madère de kirsch.

Remplissez le gobelet aux trois-quarts de glace pilée.
Mélangez bien.
Ornez de fruits et servez avec de grandes pailles.

Rhum Punch

[à préparer dans un grand gobelet]

3/4 cuiller à bouche de sucre en poudre dissous dans un peu d'eau. Ajoutez :

1/2 cuiller à café de jus de citron ;
Un verre et demi à madère de rhum.

Remplissez de glace pilée.
Mélangez bien, ornez de fruits et servez avec de grandes pailles.

Curaçao Punch

[à préparer dans un grand gobelet]

3/4 cuiller à bouche de sucre en poudre dissous dans un peu d'eau. Ajoutez :

1 cuiller à café de jus de citron ;
1 verre à madère de cognac ;
1 —   liqueur — curaçao rouge ;
1/2 —   —   — rhum Jamaïque.

Remplissez de glace pilée.
Mélangez bien, ornez de fruits et servez avec de grandes pailles.

Claret Punch

[à préparer dans un grand gobelet]

Une cuiller et demie à bouche de sucre en poudre. Ajoutez :

1 tranche de citron ;
2 — d'orange.

Emplissez le gobelet de glace pilée.
Remplissez de vin de médoc et agitez bien avec la timbale.
Ornez de fruits et servez avec de grandes pailles.

Cosmopolitan Punch

[à préparer dans un gobelet en cristal]

Emplissez à moitié de glace pilée. Ajoutez :
Un verre et demi à liqueur de fine champagne
1/2 cuiller à bouche de sucre en poudre.

Remplissez le verre de vin de médoc.
Agitez bien avec la timbale, ornez de fruits et servez avec de grandes pailles.

Champagne Punch

[à préparer dans un gobelet en cristal]

1/2 cuiller à bouche de sucre en poudre. Ajoutez
1 verre à liqueur de jus de citron ;
1/2 — — de sirop de fraises ;
1 tranche d'orange ;
1/2 — d'ananas :

Emplissez le gobelet à moitié de glace pilée.
Remplissez avec du champagne. Mélangez bien, ornez de fruits et servez avec de grandes pailles.

Eldorado Punch

[à préparer dans un gobelet en cristal]

1 cuiller à bouche de sucre en poudre. Ajoutez :

1 verre à liqueur de fine champagne ;
1/2 —   — de rhum jamaïque ;
1/2 —   — de bourbon whisky ;
1 tranche de citron.

Remplissez le gobelet de glace pilée.
Agitez fortement avec la timbale, ornez de fruits et servez avec de grandes pailles.

Mississipi Punch

[à préparer dans un gobelet en cristal]

1 cuiller à bouche de sucre en poudre, dissous dans :

1/2 verre à madère d'eau. Ajoutez :
1 cuiller à café de jus de citron ;
1/2 verre à madère de bourbon whisky ;
1/2 —   — de rhum de la Jamaïque ;
1 —   — de cognac vieux.

Remplissez le gobelet de glace pilée.
Mélangez bien, ornez de petits morceaux d'orange et d'ananas et servez avec de grandes pailles.

Orgeat Punch

[à préparer dans un gobelet en cristal]

Une et demie cuiller à bouche de sirop d'orgeat. Ajoutez.

Un et demi verre à madère de cognac;
2 cuillers à café de jus de citron.
Remplissez le gobelet de glace pilée.

Agitez bien avec la timbale, ornez de fruits sur lesquels vous versez sans mélanger, un peu de porto rouge.

Servez avec de grandes pailles.

Milk Punch

[à préparer dans un grand gobelet]

Emplissez au tiers de glace pilée. Ajoutez :

3/4 cuiller à bouche de sucre en poudre.
1 verre à madère de cognac.
1 —   —   de rhum Ste-Croix.
1/2 —   —   de rhum jamaïque.

Remplissez le gobelet de bon lait.

Agitez bien avec la timbale et passez dans un *gobelet en cristal.*

Râpez un peu de muscade et servez avec de grandes pailles.

Hot Milk Punch.

[à préparer dans un grand gobelet]

1 cuiller à bouche de sucre en poudre. Ajoutez :

1/2 verre à madère de rhum Ste-Croix.
1/2 — — de cognac.

Remplissez le verre de lait bouillant.
Mélangez bien avec votre cuiller.
Râpez un peu de muscade et servez avec de grandes pailles.

Egg Milk Punch

[à préparer dans un grand gobelet]

1 œuf frais. Ajoutez :

3/4 cuiller à bouche de sucre en poudre.
1 verre à madère de cognac.
1 — liqueur de rhum Ste-Croix.
Emplissez à moitié de glace pilée.

Remplissez le gobelet de lait et versez le tout dans la double timbale. Agitez fortement et transvasez dans le gobelet.
Râpez un peu de muscade et servez avec de grandes pailles,

Port Punch

[à préparer dans un grand gobelet]

1/2 cuiller à bouche de sucre en poudre. Ajoutez :
1/2   —   —   de sirop de framboises ;
1   —   à café de jus de citron.
Un et demi verre à madère de porto rouge.
Remplissez de glace pilée.

Mélangez bien, ornez de fruits et servez avec de grandes pailles.

Sherry Punch

[à préparer dans un grand gobelet]

1 cuiller à bouche de sucre en poudre. Ajoutez :
1   —   à café de jus de citron ;
2 verres à madère de xérès ;
Remplissez le verre de glace pilée.

Mélangez bien, ornez de fruits sur lesquelles vous versez sans mélanger, un petit peu de vin de Médoc

Servez avec de grandes pailles.

Sauterne Punch

[à préparer dans un grand gobelet]

Une et demie cuiller à bouche de sucre en poudre. Ajoutez :

1 tranche de citron ;
2 — d'orange ;
Emplissez aux trois quarts de glace pilée ;
Remplissez le gobelet de vin de Sauterne.

Agitez bien.
Ornez de fruits et servez avec de grandes pailles.

Roman Punch

[à préparer dans un grand gobelet]

Remplissez à moitié de glace pilée. Ajoutez :

1 cuiller à bouche de sucre en poudre ;
1 — à café de jus de citron ;
Le jus d'une demi-orange ;
1/2 verre à liqueur de curaçao rouge ;
1/2 — — de rhum Saint-James ;
1/2 — à madère de cognac.

Mélangez bien.
Ornez de fruits et ajoutez un peu de porto rouge.
Servez avec de grandes pailles.

Swedish Punch

[à préparer dans un verre à bordeaux]

Emplissez d'un tiers de glace pilée. Ajoutez :

6 gouttes d'angostura.

Remplissez de Caloric punch
Servez avec de petites pailles.

Tip-Top-Punch

[à préparer dans un grand gobelet en cristal]

4 à 5 morceaux de glace. Ajoutez :

2 cuillers à café de sucre en poudre ;
1 verre à liqueur de fine champagne ;
1 tranche d'ananas ;
2   —   d'oranges ;
1 Cuiller à café de jus de citron.

Remplissez avec du champagne.
Mélangez bien avec une cuiller, ornez de fruits
et servez avec de grandes pailles.

Grog ordinaire

[à préparer dans un verre à grog]

2 morceaux de sucre bien dissous dans de l'eau bouillante, le verre rempli aux trois-quarts. Ajoutez :

1 verre à madère de cognac ;
1 tranche de citron.

Servez avec une cuiller à café.

Grog au Rhum

[à préparer dans un verre à grog]

2 morceaux de sucre bien dissouts dans de l'eau bouillante, le verre rempli aux trois-quarts. Ajoutez :

1 verre à madère de rhum.
Servez avec une cuiller à café.

Grog américain

[préparation d'un litre]

1/4 litre de rhum ;
1/4   —   cognac ;
1/4   —   sirop de sucre ;
1/4   —   thé noir très fort ;
1 verre à madère de curaçao rouge.
Mélangez bien le tout.

[à préparer dans un verre à grog]

Remplissez le verre à moitié de grog américain ;
    —   —   d'eau chaude.
Faites chauffer presque bouillant, servez avec une tranche de citron et une cuiller à café.

Brandy Toddy

[à préparer dans un verre à grog]

1 cuiller à café de sucre en poudre dissous dans un peu d'eau. Ajoutez :

2 morceaux de glace ;
1 verre à madère de cognac.

Remplissez d'eau fraîche.
Mélangez bien et servez avec une cuiller à café.
Pour le « hot brandy Toddy », mettez de l'eau bouillante au lieu de glace.

Gin Toddy

[à préparer dans un verre à grog]

Se prépare de la même manière que le brandy toddy. Au lieu de cognac, mettez du gin old tom.

Whisky Toddy

[à préparer dans un verre à grog]

Se prépare de la même manière que le brandy toddy. Au lieu de cognac, mettez du scotch whisky.

Pousse-Café français

[à préparer dans un petit verre à bordeaux mousseline]

1/2 verre à madère de maraschino di Zara.
Ajoutez :

1/5 verre à madère de sirop de framboises ;
1/5 — — cacao de Chouva ;
1/5 — — chartreuse jaune ;
1/5 — — fine champagne.

Versez doucement dans l'ordre indiqué ci-dessus les liqueurs les unes sur les autres en ayant soin de ne pas les mélanger. Servez avec précaution.

Pousse-Café américain

[à préparer dans un petit verre à bordeaux mousseline]

1/4 verre à madère de maraschino di Zara.
Ajoutez :

1/4 verre à madère de curaçao Fockink rouge ;
1/4 — — chartreuse verte ;
1/4 — — fine champagne.

Servez de la même manière que le Pousse-Café français.

Jersey Pousse-Café

[à préparer dans un grand verre à liqueur]

A moitié rempli de chartreuse jaune ;
— — fine champagne.

Ayez soin de ne pas mélanger les liqueurs.

Saratoga Pousse-Café

[à préparer dans un verre à madère]

1/3 de bénédictine. Ajoutez :

1/3 de curaçao Focking rouge ;
1/3 de kirsch de la Forêt-Noire ;
3 gouttes d'angostura.

Versez avec précaution, ayez soin de ne pas mélanger les liqueurs.

Pousse café parisien

[à préparer dans un verre à madère]

5 gouttes sirop de framboises. Ajoutez :

1/4 de verre à madère de maraschino di Zara;
1/4 — — curaçao rouge ;
1/4 — — chartreuse jaune ;
1/4 — — fine champagne.

Versez avec précaution les liqueurs les unes sur les autres. Ne pas mélanger.

Santinas pousse-café

[à préparer dans un verre à madère]

1/3 de curaçao rouge. Ajoutez :

1/3 — maraschino di Zara;
1/3 — fine champagne.

Versez avec précaution, ayez soin de ne pas mélanger.

Pousse l'amour

[à préparer dans un verre à madère]

1/4 verre à madère de maraschino di Zara. Ajoutez :

1 jaune d'œuf;
1/4 verre à madère de cacao Chouva;
1/4 — — fine champagne.

Servez sans mélanger et ayez soin que le jaune d'œuf reste entier.

Knickerbein

[à préparer dans un verre à madère]

1/3 verre à madère de liqueur à la vanille. Ajoutez :

1 jaune d'œuf;
1/2 verre à liqueur de bénédictine ;
1/3 — madère de kümmel eckau ;
2 gouttes d'angostura.

Servez sans mélanger.

Golden Slipper

[à préparer dans un verre à madère]

1/3 verre à madère de chartreuse jaune. Ajoutez :
1 jaune d'œuf;
1/3 verre à madère de goldwasser de Dantzig.
Servez sans mélanger.

Danish Pousse-Café

[à préparer dans un grand verre à liqueur]

A moitié rempli de cacao de Chouva;
—   —   cognac Hennessy ✳✳✳.
Mélangez bien et servez.

Claret Cup

[à préparer dans un grand bol]

12 morceaux de sucre dissous dans :
1 bouteille d'eau apollinaris. Ajoutez :

2 citrons, coupés en tranches ;
2 oranges   —
1/2 ananas   —
2 verres à bordeaux de marasquin.

Mélangez bien avec une louche et remplissez le bol aux trois-quarts de glace coupée en morceaux.

Au moment de servir ajoutez :

4 bouteilles de bon bordeaux rouge ;
1   —   de champagne.
Mélangez bien le tout.

Ajoutez 250 grammes de cerises et servez dans des verres à bordeaux mousseline.

(Pour environ 25 personnes)

Champagne Cup

[à préparer dans un grand bol]

1 litre de curaçao rouge. Ajoutez :

1 — cognac vieux ;
1 — vin de tokay ;
1/2 — chartreuse verte ;
2 verres à bordeaux de sirop d'ananas ;
6 branches de mélisse verte ;
6 oranges coupées en tranches ;
2 citrons — —
4 bouteilles d'eau apollinaris.

Mélangez bien avec une grande louche.

Couvrez le bol et laissez-le pendant deux heures.

Transvasez dans un *autre bol* et ajoutez :

1/2 ananas coupé en tranches ;
1 livre de belles fraises de bois, et
6 bouteilles de champagne.

Mettez votre bol dans un seau de glace pilée, afin de bien rafraîchir la boisson.

Sucrez un peu et laissez fermenter. Mélangez de nouveau et servez dans des verres à bordeaux mousseline.

(Pour environ 40 personnes)

Cup à la Russe

[à préparer dans un grand bol]

3 bouteilles de bon bordeaux rouge. Ajoutez :

40 centilitres de curaçao rouge ;
1/2 litre de xérès ;
1/2   —   cognac ;
2 verres à bordeaux de sirop de framboises,
3 oranges coupées en tranches ;
1 citron   —   —
4 branches de mélisse verte ;
2 cruchons d'eau de seltz naturelle ;
3 bouteilles Schweppes' sodawater.

Mélangez bien le tout avec une louche, sucrez un peu et laissez fermenter pendant une heure.

Transvasez dans un *autre bol* à moitié rempli de glace pilée et servez dans des petits verres à bordeaux mousseline.

(Pour environ 25 personnes.)

Crimean Cup

[à préparer dans un petit bol]

1/2 litre de sirop d'orgeat. Ajoutez :

1/6   —   cognac ;
1/8   —   marasquin ;
1/8   —   rhum jamaïque ;
1 bouteille de champagne ;
1   —   de sodawater Schweppes' ;
125 grammes de sucre en poudre ;
2 citrons coupés en tranches ;
2 oranges   —   —
6 tranches d'ananas.

Mélangez bien le tout avec une louche. Transvasez dans un *autre bol* à moitié rempli de glace pilée et servez dans des petits verres à bordeaux mousseline.

(Pour environ 8 personnes).

Balaklava Nectar

[à préparer dans un bol moyenne grandeur]

Enlevez le zeste d'un demi-citron, coupez-le en tout petits morceaux et mettez-le dans le bol avec ;

4 cuillers à bouche de sucre en poudre et le jus d'un citron. Ajoutez :

12 centilitres de marasquin :
2 bouteilles de sodawater Schweppes' ;
2   —   de bordeaux rouge ;
2   —   de champagne;

Mélangez bien le tout et transvasez dans un *autre bol* à moitié rempli de glace pilée.

Ornez de fruits de saison et servez dans des verres à bordeaux mousseline.

(Pour environ 15 personnes).

Swedish Bowl

[à préparer dans un grand bol]

Mettez dans le bol un morceau de glace bien clair d'environ 1 kil. 500 grammes :

Versez dessus :

3 bouteilles de vin du rhin ;
1   —   de stockholms punch ;
1\4   —   de fine champagne.

Laissez fondre la glace d'un tiers.

Mélangez bien, ajoutez une livre de fraises de bois et arrosez avec une bouteille de champagne.

Servez dans des verres à bordeaux mousseline.

(Pour environ 20 personnes.)

John Collins' Gin

[à préparer dans un gobelet en cristal extra grand]

1 cuiller à bouche de sucre en poudre. Ajoutez :

1/2 verre à madère de jus de citron ;
1   —   —   gin old tom ;
5 à 6 morceaux de glace :
1 bouteille de soda-water Schweppes'.

Mélangez bien avec une cuiller à soda et pendant l'effervescence buvez.

Tom Collins' Brandy

[à préparer dans un gobelet en cristal extra grand]

1 verre à liqueur de sirop de sucre. Ajoutez :

1   — à madère — cognac ;
1 cuiller à café de marasquin ;
Le jus d'un petit citron ;
3 à 4 morceaux de glace ;
1 bouteille de soda-water Schweppes'.

Mélangez bien avec une cuiller à soda et pendant l'effervescence buvez.

Hot Stone Fence

[à préparer dans un petit gobelet en cristal]

1 verre à madère de Bourbon Whisky. Ajoutez :

2 cuillers à café de sucre en poudre.

Remplissez le verre de cidre bouillant.
Mélangez bien et servez.

Stone Fence

[à préparer dans un verre à grog.]

1 verre à madère de bourbon wisky. Ajoutez :

2 à 3 morceaux de glace.

Remplissez le verre de cidre sucré,
Mélangez bien et servez.

White Lion

[à préparer dans un grand gobelet]

1 cuiller à bouche de sucre en poudre dissous dans un peu d'eau. Ajoutez :

Le jus d'un demi citron.
2 cuillers à café de sirop de framboises.
1 petit verre à liqueur de curaçao rouge.
1 verre à madère de rhum Ste-Croix.
Remplissez le gobelet de glace pilée.

Mélangez bien, ornez de cerises et servez avec de grandes pailles.

Port Negus

[à préparer dans un verre à grog]

2 morceaux de sucre. Ajoutez :

4 gouttes de curaçao rouge ;
1 verre à madère de porto rouge.

Remplissez le verre d'eau et faites chauffer presque bouillant.

Servez avec une tranche de citron piquée de quatre clous de girofle et un peu de muscade râpée.

Bishop

[à préparer dans un grand gobelet]

1 cuiller à bouche de sucre en poudre. Ajoutez :

1   —   café de jus de citron ;
Le jus d'une demie orange.

Remplissez le verre au trois-quarts de glace pilée, ajoutez :

Un peu d'eau de seltz et
Une cuiller à café de rhum St-James.

Remplissez le gobelet de bourgogne rouge.
Mélangez bien, ornez de fruits, et servez avec de grandes pailles.

Soyer au champagne.

[à préparer dans un grand gobelet en cristal]

Remplissez aux trois-quarts de glace pilée ajoutez :

3/4 verre à madère de sirop de grenadine ;
1/2   —   liqueur de fine champagne.

Remplissez le gobelet de champagne.
Mélangez bien avec la cuiller à soda ;
Ornez d'une tranche de citron et d'une tranche d'orange.
Servez avec de grandes pailles.

Kiss me quick.

[à préparer dans un gobelet en cristal.]

Emplissez à moitié de glace pilée. Ajoutez :
Un et demi verre à liqueur d'absinthe ;
6 gouttes d'angostura ;
6 — de curaçao ;
6 — de sirop de sucre.

Remplissez le verre d'eau de seltz.
Mélangez bien et servez avec de grandes pailles.

Pick-me-up.

[à préparer dans un grand gobelet.]

Emplissez aux trois-quarts de glace pilée.
Ajoutez :

Le jus d'une demie-orange ;
1 verre à liqueur de curaçao rouge ;
1 — — de cognac vieux.

Remplissez le verre de champagne.
Mélangez bien avec la cuiller à soda.
Ornez d'une tranche de citron et d'une tranche
d'orange.
Servez avec de grandes pailles.

Baltimore Coffee

[à préparer dans un gobelet en cristal]

Emplissez à moitié de glace pilée. Ajoutez :

2 cuillers à café de sucre en poudre ;
Un verre et demi à liqueur de marasquin.

Remplissez le verre aux trois-quarts de café froid et d'un quart de lait froid.
Agitez fortement avec la timbale.
Servez avec de grandes pailles.

Coffee Cobbler

[à préparer dans un gobelet en cristal]

Emplissez à moitié de glace pilée. Ajoutez :

2 cuillers à café de sucre en poudre ;
1/2 verre à liqueur de cognac ;
1/2   —   —   moka ou de cacao chouva.

Remplissez le verre de café froid, agitez fortement avec la timbale et servez avec de grandes pailles.

Spécialité de

CITRONS & ORANGES

CH. VANDEWALLE

32, Rue Étienne-Marcel, 32

PARIS

Dépôt général du Presse-Citron Es

BREVETE S. G. D. G.

Maison E. DURAND

18, Rue Bichat. — PARIS

SPÉCIALITÉ DE CHALUMEAUX

POUR

BOISSONS GLACÉES

Maison A. BOSQUET

19, Avenue de St-Ouen

PARIS

CAFÉS & THÉS

Importation directe

VACHERIE DU HAMEAU

Ferme de TRIE-LA-VILLE

PRÈS DE CHAUMONT-EN-VEXIN (OISE)

Pour les Commandes, s'adresser aux bureaux :
2, rue d'Athènes, ou rue de Clichy, 21

DÉPOTS où l'on peut goûter et prendre le lait

15, Bd Malesherbes.	68, Rue Lafayette.
146, Rue de Rivoli.	21, Rue de Clichy.
19, R. des Pyramides.	66, Rue de Rennes.

PRIX DU LAIT :

AU DÉPÔT : La Carafe **50** c. — la 1r2 **30** c.
A DOMICILE : — **55** c. — » **30** c.

LIVRAISON 2 FOIS PAR JOUR
DANS TOUT PARIS

Lait de la même vache sur demande

PARIS. — IMP. ALCAN-LÉVY, 24, RUE CHAUCHAT.